PÉTITION

RELATIVE

À L'ANNIVERSAIRE DU 21 JANVIER.

Tout ce qui a trait à Louis XVI, au meilleur des rois, à un Roi tel que la France un jour le vénérera, le chérira plus qu'aucun de ceux qui ont régné sur elle; tout ce qui a rapport à cet excellent prince, inspire un grand intérêt, mérite d'être recueilli, et devient nécessairement le patrimoine de l'histoire; cette considération détermine les personnes qui ont signé la pétition relative à l'anniversaire du 21 janvier, à présenter au public quelques détails sur cette pétition : elles ne dissimuleront pas qu'elles sont encore guidées par un autre motif: les journaux ont rendu, les uns un compte inexact, les autres un compte insuffisant de ce qui s'est passé au sujet de cette même pétition. Il convient donc, sur une matière aussi im-

Louis XVI obtiendroit, de ceux qui se disoient nos représentans, un hommage expiatoire. Les Chambres de 1814, se taisant sur un point aussi capital, et les personnes qui, par la nature des places qu'ils occupoient, étoient dans l'obligation de faire mettre fin à ce silence, se taisant également, les signataires ne purent que gémir. Il leur étoit évident qu'ils n'avoient rien à attendre pour le succès du vœu qu'ils formoient, ni des dépositaires de la confiance du Roi, ni des deux Chambres, où les uns, par une honteuse pusillanimité, et les autres, par un motif peut-être plus honteux encore, feignoient de ne pas entendre le cri de la France qui, depuis si long-temps, demandoit une satisfaction éclatante. Qu'est-il cependant arrivé de cet inexcusable silence? Le 20 mars et tous ses désastres. Qu'en est-il résulté? Le 21 janvier 1814 s'étant écoulé sans la réparation voulue de tous les bons Français, des misérables, dans des libelles jetés avec profusion sur toute la surface de l'Europe (1), ont imprimé

(1) Dans la seule ville de Bourges, on a saisi et brûlé dix mille exemplaires d'un de ces libelles.

que la nation, n'ayant dans aucun temps réclamé contre le fatal événement du 21 janvier, la nation, par cela seul, l'avoit autorisé, l'avoit approuvé. Quoi! nous sommes accusés d'un parjure, d'un assassinat, d'un régicide, et nous nous taisons! On nous commande je ne sais quels ménagemens envers nos calomniateurs! Grand Dieu! Dieu vengeur du crime, ah! ne nous imputez pas la mort du juste! Français fidèles à la famille de saint Louis, joignez-vous à nous, unissez votre voix à la nôtre, qu'elle retentisse d'un bout de la France à l'autre; qu'elle apprenne à l'Europe, à l'univers, à la postérité, et toute votre horreur pour l'attentat que vous déplorez, et toute votre vénération pour le vertueux, le clément, le pieux Louis XVI.

Revenons à ce qui est purement personnel aux signataires. Le bruit public ayant annoncé que le meilleur esprit régneroit dans les deux nouvelles Chambres convoquées par le Roi depuis son second retour à Paris, il étoit naturel que les signataires crussent qu'ils alloient enfin voir le plus ardent de leurs désirs accompli. Ils se flattèrent même que ces deux nouvelles Chambres, n'imitant pas l'exemple des deux premières, se hâteroient, même avant aucun exercice de leurs fonctions, de venger d'une manière solennelle la France de l'atroce calomnie dont la frappoient des libellistes, qui croyoient cacher, dans une multiplicité imaginaire de complices, sinon leurs remords, du moins leur honte.

Comme, cependant, ce n'étoit là qu'une conjecture que des considérations imprévues pouvoient empêcher de se réaliser, les signataires se tinrent prêts; ils rédigèrent leur pétition. A cette époque, ils désiroient si ardemment que le vœu qu'ils nourrissoient dans leur cœur partît du sein de deux Chambres, que l'un d'eux proposa à un député qu'il rencontra chez le marquis de R...., et qu'il connoissoit particulièrement, de monter à la tribune dès que la Chambre seroit constituée, et de demander, avant toute discussion, une cérémonie expiatoire pour le 21 janvier. Le député rejeta cette proposition avec beaucoup de vivacité, alléguant, pour justifier sa répugnance, qu'une telle motion irriteroit trop des gens qu'il lui paroissoit prudent de ménager.

Les signataires, instruits de cette particularité, se déterminèrent à ne plus rien attendre que d'eux-mêmes. Ils chargèrent, en conséquence, l'un d'eux de toutes les démarches convenables pour faire accepter la pétition par les deux Chambres. On étoit alors dans les premiers jours d'octobre. Le signataire, pour répondre à la confiance de ses commettans, se transporta, sans tarder, chez M. le prince de la Trémoille, qui approuva fort les divers articles de la pétition, et parut convaincu qu'ils seroient adoptés par acclamation. Sorti de chez M. le prince de la Trémoille, le signataire se rendit chez M. Hyde de Neuville, secrétaire de la Chambre des Députés, lui donna lecture de la pétition, lui en remit un double, et le pria de la déposer sur le bureau de sa Chambre. M. Hyde, dont la fidélité au Roi a été mise à tant d'épreuves, sans jamais se dementir, promit fort obligeamment de faire ce qui lui étoit demandé. Enfin, le signataire eut l'honneur de voir M le duc de Choiseuil-Stainville, secrétaire de la Chambre des Pairs, et membre du comité des pétitions. Le signataire ayant exposé le motif de sa visite, M. le duc de Choiseuil lut la pétition attentivement, et présenta ensuite diverses observations, qu'il termina par l'invitation de ne faire aucune démarche sans avoir préalablement consulté Mgr le chancelier. On devoit aux qualités personnelles de M. de Choiseuil, à sa loyauté connue, à sa naissance, à son dévouement pour le Roi Louis XVI et pour la Reine Marie-Antoinette, de déférer à l'avis qu'on en recevoit.

Mgr le chancelier reçut le signataire avec une extrême affabilité, prit la pétition, en discuta chaque article avec beaucoup de patience et de sagacité, et conclut par dire qu'il lui paroissoit convenable et sage d'attendre les approches du mois de janvier, pour se donner le temps de saisir la circonstance la plus propre à la manifestation du vœu consigné dans la pétition. C'eût été, tout au moins, une véritable indécence de ne pas se conformer religieusement à ce que proposoit le chef de la magistrature. Les signataires se déterminèrent donc à attendre les approches du mois de janvier; et l'un d'eux, en leur nom, invita M. Hyde de Neuville, à attendre pour faire usage de leur pétition, qu'il en fût de nouveau prié par eux.

Ces détails prouvent incontestablement que l'honneur de la priorité appartient aux signataires. L'un d'eux ayant écrit à Mgr le chancelier, pour lui faire observer qu'ils étoient autorisés à la réclamer, en reçut la réponse suivante, qui prouve qu'en effet l'initiative leur appartient :

Paris, 11 janvier 1816.

« Je vous remercie, Monsieur, des vœux
» obligeans que vous voulez bien m'adresser
» dans ce renouvellement d'année; je n'en
» fais pas pour vous de moins sincères, et je
» sais que je n'en puis former pour personne
» qui ait donné à notre bon Roi des preuves
» plus touchantes d'amour et de fidélité. Je
» n'oublierai jamais, Monsieur, que vous avez
» demandé un des premiers que l'anniver-
» saire du 21 janvier fût célébré dans tout
» le royaume, et je crois que *votre pétition*
» *à cet égard, qui date du mois d'octobre*
» *dernier, a* AU MOINS *sur les autres du*
« *même genre l'avantage de la priorité.*

» Agréez, Monsieur, l'assurance de ma
» considération très-distinguée. »

Le chancelier de France.

Signé, DAMBRAY.

Cette lettre vient à l'appui de celle que le même signataire avoit reçue, quelques jours auparavant, de M. le duc de

Choiseuil-Stainville, et dont voici la teneur :

Paris, 6 janvier 1816.

« J'ai reçu, Monsieur, la lettre, en date
» du 4, que vous m'avez fait l'honneur de
» m'écrire. J'ai celui de vous informer que
» le comité des pétitions, par l'organe de
» M. le duc de la Force, a rendu hier compte
» à la Chambre des Pairs de celle relative à
» l'anniversaire de la mort de S. M. Louis XVI,
» et que, vu l'ordonnance du Roi relative à
» ce jour malheureux, l'assemblée a passé à
» l'ordre du jour. *Cette même pétition que*
» *vous aviez adressée à la Chambre des Dé-*
» *putés*, et dont vous réclamez la priorité,
» *porte des dates incontestables. M. le chan-*
» *celier auquel vous l'aviez communiquée dès*
» *le mois d'octobre, vous en rendra aussi*
» *témoignage.*

» Recevez, Monsieur, l'assurance des sen-
» timens et du très-parfait attachement avec
» lequel j'ai l'honneur d'être,

Votre très-humble et très-obéissant serviteur.

Signé, le duc DE CHOISEUIL-STAINVILLE, *secrétaire de la Chambre des Pairs, et membre du comité des pétitions.*

Les signataires attendoient donc l'époque désignée par Mgr le chancelier. Comme on étoit prêt à y toucher, ils apprirent, par la voie des journaux, que M. Sosthène de la Rochefoucault, dans la Chambre des Députés, avoit formé une demande qui, pour le fond, avoit quelque ressemblance avec leur pétition. Ils crurent alors ne devoir plus garder le silence; ils s'empressèrent non-seulement de prier, mais de requérir Mgr le chancelier, M. le duc de Choiseul et M. Hyde de donner suite à leur pétition.

On lut cependant dans le journal qui suivit celui où il étoit parlé de la demande de M. de la Rochefoucault, que cette demande étoit sans objet, vu l'ordonnance du Roi, relative à l'anniversaire du 21 janvier. Une telle assertion, qui sembloit interdire à la nation française d'offrir un hommage expiatoire à la mémoire de Louis XVI, révolta les signataires. Sans s'enquérir d'où elle partoit, ils n'en furent que plus ardens à solliciter que leur demande fût prise en considération.

Quelques jours après, autre contradiction; cette même assertion fut rétractée dans les journaux : on y lut qu'il n'étoit pas sans objet de donner un caractère national au sentiment particulier du Roi.

Enfin, les signataires furent exaucés : leur pétition fut déposée sur le bureau de l'une et de l'autre Chambre. Celle présentée à la Chambre des Pairs, fut renvoyée au comité des pétitions, et les journaux se sont tus sur le sort de celle-là. Le 5 janvier, le comité, par l'organe de M. le duc de la Force, comme on l'a vu dans la lettre de M. le duc de Choiseuil, rapportée plus haut, en rendit compte à la Chambre, et la Chambre, vu l'ordonnance du Roi, passa à l'ordre du jour. Ainsi, ce cri de vénération pour la mémoire de Louis XVI, poussé par des cœurs pénétrés du souvenir de ses vertus, fut comme non avenu.

Le 9 janvier, c'est-à-dire quatre jours après, M. le président lut à la Chambre la résolution prise par la Chambre des députés, et relative au deuil général du 21 janvier. L'assemblée ne passa pas à l'ordre du jour ; la discussion s'ouvrit : plusieurs orateurs furent entendus, entr'autres MM. Desèze, de Chateaubriand, de Lally-Tolendal, qui obtinrent les honneurs de l'impression, et la résolution fut adoptée à l'unanimité (1).

On demandera peut-être comment un vœu relatif au deuil général du 21 janvier, est impitoyablement repoussé par l'ordre du jour, quand il est présenté par des pétitionnaires, et comment il est adopté à l'unanimité, quand il est présenté par des députés ; comment l'ordonnance du Roi le fait rejeter dans le premier cas, et n'empêche pas de l'adopter dans le second ; comment il ne produit pas pour ceux qui les premiers l'ont exprimé, un seul mot dont ils puissent se glorifier, et comment il vaut les honneurs de l'impression aux honorables pairs qui, dans le fond, se bornent à l'appuyer. Si l'on faisoit en effet ces questions, les signataires n'y répondroient que par ce religieux silence avec lequel ils accueillent et accueilleront toujours les décisions de la Chambre des Pairs.

Dans la Chambre des Députés, ce fut le 16 décembre qu'on parla de la pétition.

---

(1) Voyez Journal des Débats du mercredi 10 janvier 1816, article *Chambre des Pairs*.

Voici ce qu'en rapportent les journaux (1) : « M. de Montjoye et plusieurs habitans de » Paris demandent que, par une déclaration » solennelle de l'Assemblée, il soit statué, » au nom de la France, que la personne de » Louis XVI étoit *inviolable*, que nul n'a- » voit le droit de le *juger*, et que l'anniver- » saire de sa mort soit un jour de deuil et » de jeûne.

» Renvoyé au bureau des renseignemens » pour être consulté lors de la discussion à » ce sujet. M. le comte de Marcellus appuie » ce renvoi. »

Les signataires, s'ils ne craignoient qu'on interprêtât mal leur intention, avoueroient franchement qu'ils s'étonnent de plus en plus que la Chambre des Pairs ait pu passer à l'ordre du jour sur une semblable demande, et que cette demande n'ait pas excité un mouvement unanime d'approbation.

Quoi qu'il en soit, la pétition une fois renvoyée dans le bureau des renseignemens, il n'a plus été parlé ni d'elle ni des signataires. Tous les honneurs ont été déférés, tous

(1) Voyez Journal des Débats du 17 décembre 1815, article *Chambre des Deputes*.

les éloges ont été prodigués à M. Sosthène de la Rochefoucault, en en laissant toutefois tomber une part sur MM. de Marcellus, Trinquelague, et deux ou trois autres orateurs qui ont parlé dans cette importante discussion dont la postérité voudra connoître tous les détails. On remarquera ici, sans accompagner la remarque d'aucune réflexion, que ce même député, qui avoit rejeté avec vivacité la proposition que lui avoit faite l'un des signataires, aborda absolument dans leur sens, sans toutefois parler d'eux, lorsque la résolution de M. de la Rochefoucault fut mise à la délibération.

Le même silence a été adopté par les journaux (1); les mêmes louanges y ont été prodiguées à tous ceux qui avoient émis le vœu d'une cérémonie expiatoire pour le 21 janvier, excepté aux signataires. L'un d'eux avoit remis une copie de leur pétition au principal rédacteur et copropriétaire du *Journal des Débats*, pour qu'il l'insérât dans feuille, s'il le trouvoit convenable. Des

1) A l'exception toutefois du Journal du Lys, qui a fait nnoître la pétition et les noms des signataires dès qu'il en a eu connoissance.

raisons, qui ne leur sont pas connues, les ont privés de l'honneur de cette insertion; mais à la place, ils ont lu, dans ce même journal, un éloge fort étendu de tous ceux qui avoient manifesté le désir d'une cérémonie expiatoire pour le 21 janvier, excepté toujours des signataires. Même réticence en rendant compte de la séance des Pairs du 9 janvier.

Tels sont, dans la plus exacte vérité, les faits relatifs à la pétition des signataires. On auroit d'autant plus mauvaise grâce de leur contester l'initiative, qu'ils l'ont prise, pour ainsi dire, dès 1793. Il n'y a, pour s'en convaincre, qu'à lire l'*Eloge historique et funèbre de Louis XVI*, composé et publié par l'un d'eux peu après la mort du pieux Monarque.

Les signataires ont maintenant à faire observer que leur pétition renferme tout ce qu'il étoit possible de demander pour le 21 janvier. Ils ont dû fixer uniquement leur attention sur l'auguste victime qui fut immolée à cette époque. Les autres augustes victimes qui partagèrent son martyre, ne le partagèrent ni à la même époque ni le même jour. Il faut donc réserver les honneurs funèbres qui leur sont dus, pour l'anniversaire du jour où elles allèrent joindre le saint Roi. Si l'on croit devoir un hommage particulier à chacune des augustes victimes que les fureurs révolutionnaires ont dévorées, pourquoi n'en pas demander un pour le duc d'Enghien, pour ce prince qui promettoit tant de gloire à notre malheureuse patrie? M. le prince de la Trémoille a bien à peu près demandé cet hommage; mais les signataires vont plus loin; ils prennent encore ici l'initiative, et celle-là on ne la leur contestera sans doute pas; ils demandent que les deux Chambres, au nom de la France, désavouent cet autre forfait; ils demandent que les honneurs funèbres soient enfin rendus au petit-fils du grand Condé, et que ses cendres soient transférées, avec pompe, dans le tombeau des héros ses aïeux. Et si l'on objectoit que des considérations personnelles s'opposent à ce que ce vœu soit exaucé, on répondroit que nulle considération personnelle, de quelque hauteur qu'elle arrive, ne doit arrêter les deux Chambres, quand il s'agit de l'honneur national, de l'honneur de tous. Et le feu prince de Conti, cet autre Bourbon, cet autre petit-fils du père de Henri IV, cette autre victime du délire des ennemis de son nom; pourquoi le prince de Conti, outragé, traîné de prison en prison, proscrit, est-il oublié ? pourquoi ses cendres sont-elles abandonnées sur une terre d'exil? Les signataires demandent aussi pour lui un hommage; ils demandent que ses restes soient rendus à sa patrie qui les réclame.

On n'a pas dû non plus, dans la pétition, appeler les rigueurs de la justice sur les persécuteurs et les bourreaux de Louis XVI; on a dû imiter la clémence du Roi martyr, et, entrant dans ses héroïques intentions, se borner à demander qu'on priât l'Etre infiniment miséricordieux pour les ennemis intérieurs de la France.

Quant au monument à élever pour perpétuer le souvenir des touchantes vertus du plus accompli des monarques que Dieu ait accordé aux hommes, sans doute il est à désirer qu'il soit érigé, et l'univers applaudira à son érection; mais ce monument qui, tel qu'il a été proposé, est, il en faut convenir, un peu compliqué, ne pouvoit paroître à nos yeux le 21 janvier, et les signataires ont dû se borner à ce qui pouvoit être exécuté à cette époque. D'ailleurs, comme l'a dit M. de Chateaubriand, tout cet amas de pierres pourroit-il effacer une seule goutte du sang auguste qui demande une expiation? Eh! qu'y a-t-il de durable que ce que la religion conseille, que ce qu'elle institue, que ce qu'elle commande? C'est à elle, par la célébration de ses divins mystères, par l'efficacité de ses prières, par la sainteté de ses cérémonies, à consacrer d'une manière qui dure à jamais, la fatale époque du 21 janvier. Elle dressera un jour des autels à Louis XVI; voilà le monument vraiment digne du religieux descendant de saint Louis; voilà le seul monument que la main du temps respectera.

Les signataires termineront ce petit nombre de pages, par répondre à un reproche qui leur a été fait. Des personnes jalouses, avec raison, de faire éclater leur fidélité au Roi, se sont affligées qu'on ne les eût pas admises à signer la pétition dont il s'agit ici. On répondra d'abord que, parmi ces personnes, il y en a qui, par la nature des places, des postes qu'elles occupent, sont attachées par un service particulier ou au Roi, ou à la Famille Royale; or, admettre de ces personnes à signer, c'eût été donner lieu de croire à une influence, bien respectable sans doute, mais qu'il étoit du devoir des signataires de ne pas laisser soupçonner.

Ils répondront, en outre, qu'ils ne pouvoient ni ne devoient courir de porte en porte pour demander des signatures. C'eût été donner à une démarche, où personne n'avoit besoin d'instigation, où chacun devoit agir d'après soi-même, une couleur peu favorable; on eût pu penser que plusieurs des signatures avoient été données par pure complaisance.

Encore moins convenoit-il aux signataires d'ouvrir une correspondance avec les provinces; sans doute des milliers de signatures leur seroient parvenues: mais, dans la foule, combien peut-être de suspectes! combien du moins de noms qui auroient été inconnus aux signataires! Il leur auroit donc fallu établir une véritable enquête sur le degré de fidélité des personnes qui ne leur auroient pas été connues; or, on conçoit le ridicule, l'inconvénient, l'impossibilité même d'une pareille enquête.

Bien loin donc que les signataires croient mériter le reproche qu'on leur fait à cet égard, ils pensent, au contraire, être fondés à en adresser un eux-mêmes à ceux qui se plaignent. Pourquoi, en effet, lorsque les fidèles sujets du Roi, de l'un et de l'autre sexe, ont appris qu'une semblable pétition étoit présentée aux deux Chambres, ne se sont-ils pas empressés de faire connoître au public, soit par la voie des journaux, soit de toute autre manière, qu'ils adhéroient à cette pétition? Quoi! toujours des appels, des demandes, des invitations, quand il s'agit simplement d'obéir à son cœur?

Si l'on eût suivi l'impulsion donnée par les signataires, qui peut dire combien de millions de Français eussent fait entendre leurs voix? La multitude eût été innombrable; et ce fut alors qu'on eût eu un bien glorieux surcroît de preuves de ce que la France pensoit du sacrilége attentat dont des libellistes, sourds à leurs remords, ont tenté de la rendre complice. Elle est du moins consolée et vengée par les mesures que les deux Chambres ont adoptées; et il est trop glorieux aux signataires de pouvoir se flatter d'avoir tout au moins contribué à cette adoption, pour qu'on ne leur pardonne pas de réclamer de leurs contemporains, même l'honneur de l'initiative. Ils joignent ici leur pétition, qui, quelle que soit l'opinion sur ce qu'on vient de lire, attestera du moins aux siècles à venir leur zèle pour la gloire de la France, et leur profonde vénération pour la mémoire du saint Roi Louis XVI.

MESSEIGNEURS ET MESSIEURS,

Jamais demande ne mérita mieux l'intérêt et l'attention de votre auguste Assemblée, que celle qui vous est présentée aujourd'hui par des Français, amis de leur Roi, de leur pays, de la vérité, et qui ne seront désavoués par aucun de vous.

On a osé prétendre que notre nation avoit voulu le forfait qui a privé Louis XVI de la vie; que du moins elle y avoit consenti; que par son silence, qu'en ne faisant entendre aucune réclamation, elle l'avoit approuvé.

A qui convient-il mieux qu'à vous, à vous, les dignes organes de la nation; à vous, ses légitimes représentans, de repousser une calomnie qui aviliroit quiconque a l'honneur d'être Français, si enfin on ne réduisoit au silence les calomniateurs?

Nous vous supplions de déclarer au nom de la France, trop long-temps condamnée au silence, ou par l'anarchie, ou par le despotisme,

1°. Que la personne du Roi Louis XVI étoit inviolable;

2°. Que nul n'avoit le droit de le juger, et que ce droit n'a pu être conféré;

3°. Que ce droit ne fut conféré, ni par aucune autorité, ni par aucun mandat, ni aucun autre acte de la volonté libre du peuple; et ce qui le prouve invinciblement, c'est le refus qui repoussa la demande formelle du Monarque, que le peuple fut consulté;

4°. Que bien loin que le Roi Louis XVI pût être regardé comme coupable, il faut à jamais admirer et bénir la clémence de ce pieux Monarque qui défendit toujours qu'une seule goutte de sang coulât pour sa cause;

5°. Que le Roi actuellement régnant sera supplié d'ordonner qu'à jamais le 21 janvier de chaque année soit un jour d'expiation; que ce jour-là il sera célébré dans toutes les églises, et par les divers cultes tolérés dans le royaume, un service solennel et expiatoire de la mort du pieux Louis XVI; que dans ce service il sera fait mémoire des membres de son auguste famille, qui ont partagé son martyre; qu'il y sera également prié pour obtenir le pardon des ennemis intérieurs de la France; que, la veille depuis cinq heures du soir et pendant toute la journée du service, tous travaux, spectacles, jeux, divertissemens seront interdits; que chaque Français de l'un et de l'autre sexe, fidèle à son souverain, sera invité à porter pendant ces deux jours et le jour suivant, des habits de deuil, et les hommes en outre un crêpe au chapeau; qu'à l'office il sera prononcé un discours funèbre; que chaque évêque et archevêque sera invité à ordonner que le jour du service soit un jour de jeûne; que le lendemain du service, il sera fait dans chaque arrondissement une distribution extraordinaire de secours aux indigens qui se seront fait inscrire à leurs bureaux respectifs de bienfaisance, quatre jours avant, en déclarant qu'ils entendent assister à la cérémonie expiatoire, et qui seront ensuite reconnus pour y avoir assisté.

MONTJOYE, l'auteur de l'*Ami du Roi*, de l'*Eloge de Louis XVI*, etc.

Louis-Philippe GENDRON jeune, propriétaire ; ancien officier de la bouche de la Reine.

GENDRON, neveu du précédent, commissaire-priseur, chevalier de la Légion-d'Honneur.

SAINT-MAURICE, propriétaire, ex-garde-du-corps du ROI, gendre de Louis-Philippe Gendron.

MORISSE, avocat à la Cour Royale de Paris.

REGNAUD, de Paris, pour lui et sa famille.

DUVAL, architecte.

BINET, fabricant.

DUFAY, docteur en chirurgie.

THOMAS, bonnetier.

RONDOT, maître chapelier.

MORISSE fils, étudiant en droit.

GRÉAU, propriétaire, marchand de bois.

Le comte DE BARRUEL-BEAUVERT, chevalier de l'Ordre royal et militaire de Saint-Louis.

Le baron DE REVERONY DE SAINT-CYR.

JANINET, libraire du ROI.

CHRISTOPHE, peintre en bâtimens.

RATIÉ, ébéniste.

LE NORMANT, imprimeur-libraire.

AMETTE, caissier de l'Université de Paris.

HUDDE, propriétaire, joaillier.

BIENAYMÉ, juge-suppléant, électeur du département de Seine et Marne.

MÉON, homme de lettres.

Le vicomte DE BARBEZAN.

MERLIN (Jean-Baptiste), propriétaire, marchand de vin en gros.

CLEMANDOT, pharmacien.

CARRON, parfumeur.

SIMONIN DE VERMONDANS, prêtre.

www.ingramcontent.com/pod-product-compliance
Ingram Content Group UK Ltd.
Pitfield, Milton Keynes, MK11 3LW, UK
UKHW020143080726
13614UKWH00005B/2382